CAROLINA ESCOBAR SARTI

Escritora guatemalteca, columnista de prensa, catedrática universitaria e investigadora social. Licenciada en Letras, cuenta con una maestría en Literatura Hispanoamericana, una especialización en Población y Desarrollo de la Facultad Latinoamericana de Ciencias Sociales y un título de suficiencia investigadora por la Universidad de Salamanca. Es candidata al doctorado en Sociología y Ciencias Políticas de la Universidad de Salamanca.

Ha recibido reconocimientos del movimiento de mujeres, de *Prensa Libre*, de la Mesa Nacional de Migraciones y de grupos literarios. Ha representado a Guatemala en espacios internacionales como la Asamblea de Naciones Unidas en Nueva York y la Feria del Libro de Barcelona 2004. Cuenta con el Premio UNICEF a la Comunicación 2000.

Es autora de *No somos poetas* (F&G Editores, 2006), *La penúltima luz* (Ediciones del Pensativo, 1999), *Palabras sonámbulas* (Ediciones CES, 2000) y *Rasgar el silencio* (Editorial Palo de Hormigo, 2003). Ha sido invitada a leer poesía en México, Argentina, El Salvador, Nicaragua, Panamá, Hungría, España y Canadá.

Ha publicado artículos, ensayos y libros sobre diversos temas, así como poemas en revistas y periódicos de su país, Austria, Finlandia, Estados Unidos, México, Nicaragua, Bolivia, Argentina, Alemania y España.

Patria mi cuerpo

Historia de una mujer desnuda

Carolina Escobar Sarti

Carolina Escobar Sarti

PATRIA MI CUERPO
Historia de una mujer desnuda

F&G editores

Patria mi Cuerpo
Historia de una mujer desnuda

Carolina Escobar Sarti

F&G Editores
Impreso en Guatemala

F&G Editores
31 avenida "C" 5-54 zona 7,
Colonia Centro América
Guatemala, Guatemala
Telefax: (502) 2439 8358 y (502) 5406 0909
informacion@fygeditores.com
www.fygeditores.com

Ilustración de portada: Nina y Viviana Silvia Orozco
(www.elcuartoscuro.com.ar).

ISBN: 978-99922-61-91-0

Guatemala, enero de 2009

Escríbete a ti misma.
Tu cuerpo debe ser escuchado.

Hélène Cixous

I

Mío el cuerpo
y la tierra de mi madre
mía esta patria sin país.

Frontera porosa mi cuerpo
aldea, ciudad, continente
patria mi cuerpo
abierto
en su infinita anchura
carne que alumbra
la piel de los caminos
y se interna
en los ríos anchos
del futuro imaginado.

Late corazón.

Patria mi cuerpo
ineludible lugar
de inicios y finales
verdad de tiempo.
Siempre se vuelve
patria mi cuerpo.

Late corazón.

Yo soy mi cuerpo
sin concesiones
lugar de tiempo implacable
texto manuscrito
entre dos parpadeos
acontecimiento vivo
entre las uñas
de mis pies y mis manos.

Yo soy mi cuerpo
territorio de agua
(llanto, saliva, líquido amniótico,
leche, sexo húmedo)
anfitrión arbitrario de otros cuerpos
útero elegido
alevosía del amor y del placer.

Mío es el cuerpo de mujer
y la vagina enamorada
no la calificación de virgen
madre o puta
y yo soy mi cuerpo
no el accesorio, la vitrina
o el pecado. Soy.

Materia gris en mundo gris
recóndita conciencia
de otros cuerpos.

El retrato dibuja al retrato.
Yo soy mi cuerpo emancipado
y hasta su sombra tiene huesos
                    paredes
                    cavidades
                    entrañas
                    corazón.

partida de nacimiento 6270
sexo femenino
éxodo de voluntades exiliada
de ninguna parte
ajena
criatura
cómplice meridiana
de la especie

morena clara
hereje
optimista por vocación
irreverente por deber.
Cuerpo existido
en estado de amnistía
mestiza
con memoria india
y mediterránea
lengua mujer.
Sonido

guatemalteca
de ojos cafés y
cabello castaño oscuro
en tierra verde.
Sagitaria
destino desnudo
signo de interrogación

cifra indómita
en Registro Civil.

Cuerpo que puede
condenarse libre
resistir la ortodoxia
tener un nombre propio
no morir de tedio.

Cuerpo que disiente
pregunta, se equivoca
es débil
vulnerable
se atreve a amar
a ser cualquier ser humano
o ninguno
espacio a veces roto
a veces
solitaria línea de tiempo
artillería vencida frente al amor.

Otro cuerpo parió antes
pero no eligió.

Este cuerpo tiembla
teme, falla
se equivoca
piensa
siente
tiene orgasmos
se esconde. Reaparece.

Ilumina
inmenso cuerpo.

nahual
descifrado
por la última lechuza lacandona
animal interior
nacido conmigo
para retorcer las fibras del viento
hacer guacales en la tierra
y enmudecer al trueno.

Olfato y soledad de loba.

Cuerpo nahual hembra
que fraguó en su carne
un colibrí de miel, un ojo de venado
un plumaje turquesa en celo

animal nocturno.

Expulsada del paraíso
por acamar la mies
por arrebatarle el lado oscuro a
la colmena
por tenderse dichosa
sobre su lomo arqueado
y despuntar
aún temblando.

líneas de la mano
la M de matrimonio se borró
de mi mano
antes de la mitad de la vida
la línea del corazón
la devoró.

Los surcos del destino
se hicieron hondos.

Soy la salamandra que corre
bajo el sol en el valle de mi mano
la línea de la cabeza
que se desnuda
jodida, jodiente
frente a la línea de la vida.

Soy la estación, el tren
y la partida por las líneas de mi mano.
Mano antropófaga
que muerde duro las horas
y come tiempo
mastica cosechas, estaciones
va tragando
y va pariendo vida apasionada.

casa a medio construir
huelo siempre a mezcla húmeda
a pintura fresca y laurel
tengo algunos cuartos vacíos
por si me brota el pelambre de loba
cuando soy ajena del mundo.

He ido tirando paredes
es mi aversión natural a las fortalezas
soy ventana sin barrotes
suelo de piedra
y techo completo
lámpara, lámpara, lámpara

a veces abro la puerta
y no pregunto quién es
se me cuela cualquiera
se me colaba
ya no

aquella casa ya no existo
existo la de hoy
la que tiene bebedero de aguamiel
para las aves de paso
la que deja ver la luna por el techo
la que derriba muros
para levantar enredaderas.

árbol de guayabo
en estado silvestre
mujer ramificada
de follaje persistente
que esconde sus flores solitarias
en pétalos carnosos
–reverdece–

tronco resistente que
se levanta sobre todos tus suelos
piel suave que se descama cada día
esperando el aguacero

selva que rebrota después
de la poda
al término de cada helada
florece
en frutos de raíces hondas
corazón de tierra encarnado.

texto soy
entre biblioclastas
de prolija censura
que insisten en borrar
la evidencia de una historia
de subversión

discurso contra la tiranía
entre tanto soldado
de la sinmemoria
que hace arder en piras
funerarias
montañas de pensamientos
herejías

evangelio apócrifo
negada profecía
en los hombros de una lengua
que lame el cuerpo del mundo
en medio de la tormenta.

graffiti mujer

media noche y
los cuerpos del orden
tras mis talones urbanos
dentro del abrigo mi cuerpo
dentro del cuerpo la pintura
mi poesía nueva
diáspora en paredes ajenas
incisión en el tiempo
signo insurrecto del aereosol

es mía la ciudad
Hoy.

"Debajo del asfalto
está la tierra".

Mañana
lo pintarán de blanco
pero las paredes blancas
no hablan
regresaré
vengo del gueto sin sueño
de la tribu que cifra el viento
mi rúbrica está
está mi cuerpo.

soy alforja
de bordes irregulares
desanudada
vaciada en la mesa
de la vida
          (no vacía)
el cuerpo lleva en el bolso
          la piedra de malaquita
          el dije en forma de trébol
          un cuarzo rosa, dos, otro
          la leyenda de
          Santa Teresa de Ávila
"Darse del todo al Todo,
sin hacernos partes"

tiempo palpitado
alforja en alforja mayor
engañando al destino
contra el mal de ojo
          ojo de venado
          caracol deshabitado
          cuarzo morado
          semilla roja
vuelve todo a la alforja
la mesa huérfana
conjura el amuleto.

soy pulsión
intermitente sangre
en aceras estrechas
                         asustadas
arterias urbanas
con segundero en la muñeca
en vertiginoso almacén
comprando jabón
máquinas para hacer helados
despertadores
baterías recargables
ollas de cocimiento lento
comida congelada
perros castrados
crema antiarrugas
ron
revistas del corazón
para la hora del tráfico
latido fugitivo
es hora de despertarse
si nadie se fija en los astros
es que el tiempo pasó.

lo real es invisible
el espejo se ve en la mujer
de cuerpo entero
se pone cóncavo de cara al sol
reúne todos sus rayos
sobre los pezones de ella
hasta quemarlos
la derrite
penetra su cuerpo
su historia
su intención de vivir
se repite en su ombligo
como se repite el universo
se refleja, resplandece
se reproduce el espejo
imaginado
en el cuerpo.

máscara
intención
de ser y no ser

máscaras contra
la máscara
contra la lágrima
contra mí misma

contra mi cuerpo
la mala reputación
la sed del otro
el mal de ojo
la inseguridad
la ignorancia
los malos recuerdos
la falta de sueños
la orfandad

Caen
cuando estoy sola
cuando amo
cuando creo que
nadie me escucha ni me observa
ni me controla ni me domina ni me suplica ni me exige
ni me amenaza ni me ataca
nadie.

cuerpo urbano

soy
asfalto
ventana en océanos
                                    de ruido
número borroso en archivos
código de barras
pestañas con ojos de luz neón
            sobre cuerpos desnudos
niña educada
madre del desarrollo
pájaro dormido en rama negra
                                    velocidad
                                    velocidad
                                    velocidad.

Mujer urbana
nostalgia de libélulas en ojos
                        de agua
de cantos mañaneros.
La sábana apenas alcanza
a entibiarse.
Mundo virtual
cuadriculado, ejecutivo,
anoréxico
con sabor a papas fritas
y noticia fresca.

cuerpo insomne
a las cuatro de la mañana
en agujero negro
silencioso al lado de otro cuerpo
el tuyo
arrobo mío de saberte cerca
soy robada de mí
cuerpo envuelto, quieto, despierto
vigilia en ataúd
                    sin moverse, sin reírse
para no interrumpir tu sueño
advirtiendo un alba
que no despunta.

Cuerpo sediento en oscuridad.

Ojos de gato en puntillas
sobre la angustia
y la incertidumbre
¿a quién le hablo?
te llamo padre muerto
para que velés por tus nietos
¿ves el cuerpo que está a mi lado?
cuidame también de mí misma
mirá que sólo sé amar de esta manera
y en la oscuridad veo
claramente quién soy.

cuerpo litúrgico

Despertar en mi cuerpo
para celebrar el misterio
de cada día
promesa de abrazar la vida
desde esa rara costumbre
en que se ha convertido
el amor.

Hurgar
en mi antiguo testamento
la entrega
de unos pechos que
un día convirtieron sangre
en alimento
de un cuerpo que ha amado
en buena lid y no olvida
el fuego estremecido.

Canto bíblico este cuerpo
mío que celebra
el sabor de la almendra
y su abrigo de canela
credo
de cuerpo y sangre
que agradece el amor
no el falso conjuro

el amor
no su invención.

cuerpo que muere

Lo único cierto en la vida
es la muerte.

Y el amor.

Mi cuerpo comenzó a morir
el diciembre en que nací
desde el primer manoteo
a medianoche
junto a mi madre
y desde entonces
la sobria muerte y yo
somos inseparables.

La muerte está pegada
a la ventana de mi vida
y no es a ella a quien temo
sino a su magisterio inclaudicable
a su secreto
a su amistad profunda
incondicional, lapidariamente
cercana.

Sólo el amor es trinchera
definitiva contra la muerte

sólo por él se hacen alianzas
con la vida.

Fui irreprimible útero
de criaturas nuevas
hoy profunda piel que desafía
al tiempo y a la muerte
sosteniendo con ambas manos
la coraza del corazón.
Cada latido nos acerca
cada bocanada de aire nos anuda
cada paso que doy escribe una palabra
de mi epitafio.

Pero este cuerpo errante
que adivina las cenizas
aún no está dispuesto
a cerrar su pacto
con la aurora.

cuerpo condenado
a vivir
la impertinente conciencia
que se cuela
en la mugre de los cuerpos olvidados
en la sangre derrotada de la guerra
en la negra muerte derramada
sobre el pez y el ave.

Todo un cuerpo
condenado soy
poeta.

Duermo con palillos en los ojos
para expiar la desesperanza
de sus niñas
estoy inquebrantablemente condenada
al sueño desvelado
soy ceguera traicionada
canto insomne
de estómagos vacíos
impertinente mirada
condenada.

cuerpo que acusa
la ternura traicionada
el fuego consumido
la indiferencia de los cuerpos.

cuerpo que acusa
a los ladrones de Dios
a los merolicos del amor
a la mediocridad disfrazada
de erudición.

Acusa
al olvido por su miseria
a la palabra por su seducción
a la mentira por su belleza.

Acusa
a los jueces de la moral
por su perversión
a los libres de pecado
por la piedra que llevan en el bolsillo
a los adultos
por asesinar la esperanza.

Yo acuso
a la humanidad desertora de humanidad
al amor prófugo
que se incendia en hogueras

y a sus cenizas
por la intención persistente
de abonar girasoles
en los muros de la miseria.

cuerpo educado
para no tocar
lo que de todas maneras no sirve
para bajar los ojos
frente a lo que de todas maneras
nos desprecia
para preservar la memoria
desde la primera letra
del alfabeto de la humanidad

educado para rezar
como si la oración
precisara maestros
educado para amar
como si el amor
precisara doctrina
educado para vivir
como si en la vida (Panero dixit)
no fuéramos todos
tan sólo hermanos
de una invasión de lo imposible.

primer cuerpo

No había diferencia
entre la carne del mundo
y la carne nuestra
karo cuerpo.

Ellos lo trajeron
me trajeron el cuerpo
solo
existido bajo la mirada
de su Dios
evangelizado para tener
fronteras que lo separaran
de otros cuerpos.

Era mi cuerpo
y éste tenía nombre
de fruto
rito
signo

no colección de órganos
y funciones
ni saber biomédico
sino cuerpo posible
territorio de símbolos
tejido de energía

bestiario amenazado
parcela inseparable del cosmos
habitación de espíritus
amanecido palimpsesto
illud tempus.

cuerpo traducido
a la sombra de otros cuerpos
inevitable eslabón
de la cadena
enlazando
las edades del mundo
palabra sobre palabra
lenguaje rebrotado
de humanidades idas
transcripciones rozándose
las puntas de los dedos.

En mi cuerpo encalló
la traducción
soy puerto de paso
mensajera de pirámides
una vez soberano cuerpo
otra vez texto original
tierra girando al revés
sobre su memoria
ruina descubierta
no soy milagro

milagro es el instante
en que el eslabón
se encadena.

mentiroso cuerpo
tan poeta
y tan mentiroso
que dice que es amor
éste
que realmente
siento.

Embustero
embalsamador de verdades
yo mi cuerpo
poeta
engañador y amante
el poema dice al poeta

quitame la ropa
desnudá la mentira
poco a poco irán
cayendo las voces que
desvestirán la mancha
del silencio

oído en tierra
sabré que la jauría
se acerca y
no correré
          que me olfatee
que me encuentre

este cuerpo mentiroso
esperará paciente.

II

bautizo de agua y fuego

Vamos de camino, se moja
las manos en el aguacero
saca un papel del bolsillo
izquierdo
lo lee en voz alta
despacio
me mira y el aire entero
me recorre el cuerpo
de prisa, pero sin apuro
contamos los kilómetros
de nuestra soledad
sucede que estamos ardiendo
el extremo y la cintura se alcanzan
                                        nos bautizamos
nos tallamos el cuerpo
rápido con hacha
con cincel sereno.
No hace mucho supimos
nuestros nombres.
          Nos sabemos.
Es tarde de lluvia
aguaceros en la respiración
bautizando el fuego
te quemás en mi espalda

me disuelvo en tu cuerpo
te sostenés en mis pechos
dos veces el cuerpo
en orilla de universo.

cuerpo húmedo
que acaba de verte partir
barquito de papel en orilla de río
caudaloso cuerpo

que te quiere desde siempre
y te querrá toda la vida
agua
que fluye mansa entre las piedras
y se pone de rodillas sobre el légamo
lejos de las represas.

Soy un cuerpo ladrón
confeso y confesionario
hostia sin consagrar
que te roba instantes
y acepta su condena
en tu cuerpo siempre extranjero
en el sudor de tu saliva
en tu sueño lejano.

Nunca nos tendremos
pero nos tenemos

perpetuamente amanece
es mentira el olvido
toda égida sucumbe
ante la tiranía del corazón.

cuerpo que te nombra
sola pluma
buscándote en el papel
y en su árbol
clorofila que transformó
el sol dormido.

Soy tu sola

epidermis entintada
para nombrarte
entrañas que te bautizan
falanges cazadoras
de tiempos idos y
por venir

soy tu sola. Me voy
al tintero
como a tu cuerpo

existís porque te nombro.
Volvés infinitamente
a tatuarte en mí
nos alcanzamos
en los huesos de la sangre

soy tu sola
epidermis entintada
para nombrarte.

puerta

quiero que querrás entrar
en mí
más que salir
ser para ti quiero
umbral luminoso
y que la luz insinúe
nuestro espacio
no el tamaño de mi puerta

entrá y desacelerá el paso
cerrá los ojos y
aprendete de memoria
el dintel de mi textura
el olor de mi madera
los pliegues de mi marco
esperá a que el viento entre
y doblegue la puerta

levantá tu ciudad en mi
puerta
ponele puentes y anchas calles
casas con claraboyas
sembrala de árboles
devolvele su océano
te me presto
alumbrala

la puerta no conoce la distancia
sino por los pasos
que te separan de ella.

cuerpos ventrílocuos

El aire camina
entre nuestras bocas
que recuerdan futuro
en la carne, nuestra memoria
más allá de la piel
la capilla del animal
apenas erguidos
aún tambaleantes
nuestros cuerpos se cuentan.

Escritura rupestre
palabrería sorda
en cuerpos ventrílocuos
ciegos
mojados
calientes
antediluvianos
latidos. Lati dos.

La candela cae
desde los pies las cortinas arden
las llamas se comen el relato de los cuerpos
consumen el charco de besos
los huesos crujen y amenazan
el fuego nos devora y
se traga el aire

palabras mudas
sobre la pequeña muerte de
dos cuerpos que se desploman.

cuerpos fecundos

antes de ayer
murió el cazador.

Sed fecundos
y multiplicaos.

Preñamos vos y yo
los campos dormidos
y nos abrazamos
la noche
sobre tierra húmeda
abrimos las manos
para soltar luciérnagas

no hubo espejos
sino sábanas sembradas
de mañana y
salivas tibias resbalando
por la piel del mundo

sobre nuestros ombligos
de piedra
apareamos templos
reclamamos agua y sol
abandonamos el cielo
abandonamos la tierra

descendimos
a la gran profundidad
uno por uno rompimos
los eslabones
no somos diferentes
apenas una sola carne.

cuerpo que ama

Estoy estremecida.
He decidido amarte

no decirte que te amo
sino amarte
no jurarte amor eterno
sino amarte
no falsear el amor
sino amarte

por tus ojos incansables
que sudan luz
en el andén de mi vida
por tu cabeza erguida
por la mirada sostenida
porque levantás robles
en tierra estéril
y abrazás
nuestro silencio cómplice

sos mi utopía
siempre tus huellas en mi agua
trazando travesías
resistiendo
rozando piedras para nuestra fogata
–sos mi escapulario contra el miedo–.

pavana de un cuerpo para su amante

Para ti, que has acompañado mi vida

Te buscaba y no sabía
no lo supe sino hasta hoy
tantos segundos después de amarte

lo intuía
en los primeros labios mojados
trenzados sin conciencia
pero no lo sabía
sólo intuía
el olor de tu carne buena
el agua de tus ojos honestos
la brasa trémula
de dos cuerpos
otra vez nuevos

no lo sabía
pero estaban tú y tu vida
danzando sobre la mía
sedientas biografías
anhelándose sin saberlo.

Te buscaba y no sabía
no lo supe hasta aquél
abrazo que aún no termina
y guarda el secreto

de mi deseo inagotable
de terminar contigo mi vida

el corazón nunca vaciló
sabía
del vuelo retoñado
con las primeras lluvias
del renovado pacto con la vida
de mis miedos siempre más pequeños
que su palpitar

yo no lo sabía
nunca lo supe hasta hoy
y desde el primer día

intuía las tormentas amanecidas
un bocado de noches largas
nuestros desencuentros
con todo y sus auroras irrenunciables
intuía soledades lavándose
los pies
con miel encarnada

te encontré y no lo sabía
mi propio desasosiego
ciego
poniéndome trampas
día tras día tras día tras día
hasta hoy

te encontré
lo sé
porque al abrir los primeros ojos te veo
y al cerrarlos aún estás
en cada siglo de mi día estás
en cada intención de futuro estás
porque esto sólo es amor
sólo amor y futuro incierto
no cándida paz
no lazo sino maguey
no barrote sino hierro
sólo amor
nada más.

A mí lo que me queda es
                                        lo nuestro
este amor sin arrugas
la combustión de un cuerpo aludido
porque no te has ido
somos lo que permanece.
En el poema existimos
para siempre.

A mí lo que me queda
es quedarme en ti.
En las paredes de esta boca
tu imagen inasible
en las yemas de mis dedos
tu confesión
guardados en mi garganta
dos cuerpos.

Nadie mata
a los amantes
en el poema
            no pueden
sólo aquí
nuestra historia se anuda.
¿Qué marinero no sabe que
en un nudo
cabe el mundo?

En el poema
existimos
para siempre
los versos huelen
a cuerpos palpitantes
saben a sexos salobres
tienen memoria de
hambre.

A mí lo que mi queda
es esta eternidad no pretendida
cincelada en la carne
de la palabra
es nuestra hoja de papel
sábana
epitafio
mesa
cárcel
país
piel
territorio luminoso y sombrío
con olor a mango dulce
incoloro aire
pendiendo del sol.

Nada se ha consumido
porque nada ha muerto.
Me queda
nuestro umbral
no la distancia

nuestro lugar de paso
no la agonía
el abrevadero de tiempo
el poema
la piedra de catedral
los encuentros y despedidas
que se levantan
                                        triunfantes
sobre los años
y la muerte.

III

almenara

me abrí cuerpo
y se cumplió el pacto
de la especie en mí
fui surco
donde todo el fuego
de la luna se derramó
generoso.
El útero tenía a la hembra.

Sellamos los cuerpos
con la vida
fui coraza marina
para el grano de arena
la perla
y el océano

nueve lunas
y nadó el pez por mis paredes

nueve lunas
y un tropel
de caballos salvajes
corrió por mi tierra vertebral
fui almenara

alumbrando el universo
muralla sosteniendo
las edades del mundo
verso dando a luz el poema
una vez
y otra
desembocadura rasgada
iluminado abismo
colmada gota de agua
en los cuerpos
que habitaron mi cuerpo.

cuerpo madre

¿Acaso hay otra manera
de contar el amor
y la angustia
de un solo tanto?

Cuerpo madre
no oropel publicitario
en nube rosa
sino la que muere
a diario en mi país
porque no tiene fuerzas
ni para parir

no lavadora automática
en velocidad deprimida
sino la que se cuelga
al niño viejo de la chiche
a falta de pan

no el disfraz de santidad
sino la que presiente el temblor
en las entrañas y el corazón
y se asusta con justicia.

Madre la que ama duda teme
madre

cinco letras
d a r m e
darme
darme
darme
darme

madre matriz
sendero vaginal
hembra que pare
verbo que llora
incondicional incertidumbre
certeza sólo del beso
que dura una vida
inquebrantable amor
inquebrantable.

A Diego y Javier. Una vez más.

Los hijos son música
que se va

partituras
de libertad
que salieron del silencio
en mayo
en abril

pentagramas
notas llenas
con sus silencios
alteraciones
compases a veces
sin compás
buscando
la propia melodía

el movimiento
de las alas incalculable
improbable
que los pasos
se puedan inferir

los hijos
nacieron míos

pero nunca lo fueron
son partituras
y se van.

cuarto vacío

Diego
está todo allí.

La madre primeriza
el perro de peluche sin un ojo
el atrapador de sueños
la pelota
tu blanca carcajada
el microscopio
el libro de leyendas
tus dudas
el cuento que escribiste de niño
el cuchillo
tu tibio cuerpo dormido en nuestro abrazo
los avioncitos y
tus carritos (mama, cuando me case
¿me voy a poder llevar
mis carritos?)

te los llevaste
a tu vida de hombre

mama contame un cuento
mama tengo sed
mama me siento mal
mama tengo miedo

mama vení conmigo
mama te quiero

yo también

está todo allí
¿quién quiere cortar alas?
lo que se ama no se aprisiona
el cuarto está vacío de tanto extrañar

Hoy el cuarto soy yo.

Buenas noches mi amor.

ausencia anunciada

Javier se va.
Se comenzó a ir
temprano
desde el vientre
ha partido. Nació libre
ese cuerpo.
Aunque tiembla.
Acaba de cerrar
la puerta
detrás de él
la foto de su risa
el olor de su abrazo inolvidable
los zapatos viejos
llenos de historias
y descalzo
se va a la estación.

Te fuiste cada vez
que la respiración se iba
noches asfixiadas
que resucitaban con el sol. Feliz
hoy te vas.

Anunciada ausencia
certeza de travesía
en temblor de madre.

Mi ternura te vas
mi amor profundo te vas
tras las huellas del hermano te vas
mi aire limpio te vas
mi corazón encogido te vas
mi corazón extendido te vas.

cuerpos pródigos

hijos
siete por siete
veces pródigos
cada regreso
la bienvenida
la confirmación
del paso siguiente

encuentros
               indispensables
partidas
templando la cuerda
y su vara
cobrándose
la vida.

IV

Cuerpo nombrado
viudo
huérfano
que no se atreve a ser país.

Escudo deshonrado
en bandera de hambre
otra vez Guatemala
en la cartografía de mi sueño
del mañana
del acaso, del quizás
historia inconclusa
de cruces y espejos navegantes
selvas guardando reservas de llanto
siglos cociendo en olla de barro
la sangre derrotada de cuerpos herrados

antiguo vicio del querer
esta patria de mendigos
finca sembrada
de huesos
de mazorcas de cemento
ciudad de maíz

patria que soy
la que tengo

Guatemala
canción reverdecida
pluma desgarrada en nueve letras
entre comillas
geografía primera del amor
amor de expatriada.

Lo vivimos.
Recuerdo anclado
en alguna parte del cuerpo
que encadena nuestra sombra.
Dolor de recordar a medias
angustia de no tener derecho
a la memoria.

Guatemala
en los vientres de sus mujeres
abiertos antes de tiempo
ellas aún hoy vírgenes
sin sexo
Guatemala
en los hermanos que
se desconocieron
lobotomía incestuosa
practicada en sangre
incapaz de olvidar.

Evocación
persistente rebelión
de humanidad
recuerdo viejo
incompleto
amordazado
terco.

cuerpos hambrientos
bajaron del mes de diciembre

por la montaña
de sus costillas
iban botando
piernas sin sueños
por los enormes ojos
pegados a la tripa
la piel profunda
mente seca
de su alma desdentada
traían la hostia
no el pan

no hay que nombrar la vergüenza
lo que no se nombra
no existe
el hambre es una muerte
que no tiene fuerzas
para morir.

cuerpos satisfechos

Vienen al mundo
mordiendo la manzana.

Patrones sin astros
amos sordos
del paraíso del infierno de lo que está en medio
de selvas y desiertos
de monos disecados
del oro negro y del océano
terratenientes de la luna
dueños encasullados de almas
mandamases de ratones de laboratorio
caciques en la piel de jaguar
señores de cualquier cuerpo
que no sea el de ellos.

Se lo creyeron.

Hinchados de tanta coca
hediondos de aburrimiento
no hacen otra cosa
que matar
                    el tiempo.

aullido de mono
en la selva
Yaxhá
llamado primigenio
en carreteras verdes
territorio cantado
profecía de extinción
pelos que chillan
en las manos de la cría
arrebatada de su madre
grito abatido
arcada de volcán
amor fracturado
arraigado
limpia voz
del que caído
extraña la sangre
en su sangre.

cuerpos ausentes
semejantes fracturados
agrietados
perdidos entre el bisturí
la inyección esterilizada
el transplante de corazón
                    –con Visa lo puede todo–
el botox y la clonación.

Cuerpos perfectos
máquinas solas
musculosas y solas
consumistas y solas
delgadas y solas
gordas y solas
únicas, irrepetibles y solas
bocas que tragan por igual
hamburguesas
anfetaminas
antidepresivos
promesas de vida eterna
y lechuga triplemente lavada.

Cuerpos encogidos
sujetos maquilados
a la velocidad de la luz
dichosos por la marca
de su pantalón
de su cerebro
de su sexo

cuerpos abreviados
sin letra
sin palabra
sin oración

televisión de 24 pulgadas
en la habitación minúscula
de las ideas

cuerpos encogidos
en sistema gordo
analfabetas cuerpos
deshidratados
vasos secos de hondo silencio
desplomándose
(luciérnagas amantes)
sobre otros cuerpos.

dioses carniceros

"Dios lo quiere"
        legado de Cruzadas
para encarcelar dioses
entre estrellas y banderas
falsa oración
idéntica agonía ante gloriosa muerte
conmigo o contra mí

dios patria dios petróleo dios territorio dios selva dios agua
dios mineral dios madera dios crédito dios bomba dios liber-
tad dios dinero dios sin mujer dios idea de Dios dios sin Dios
dioses carniceros
                dios tohil pretextos de Dios
                idea de Dios
                capataces de Dios
                verdugos de Dios
castigados por sus criaturas
                Dios expropiado
matar a dios para
salvar al humano.

Cuerpos que emigran
se van despoblados
solamente solos
con un país a cuestas

mentira el sueño.

Interminable línea amarilla
del desarraigo
en zapatos rotos
profecía de la asfixia
desfallecimiento en frío de desierto
pesadilla indocumentada
mordida por serpiente cascabel

huesos deshabitados
vadeando fronteras
entre sirenas de patrulla
y aullidos de coyote

nostalgia presa de la miseria
vacuna contra el movimiento
cuerpos dolarizados
solamente solos
con dos países a cuestas

mentira el sueño.

El sueño que no es sueño
es sólo alucinación.

V

las andantes
hunden la huella
en la piel del mundo
para que las otras
tengamos camino
se van por allí
saltando muros
desmontando maleza
gritándole a los abismos
tallando su eco
cuesta arriba
siendo milagro que avanza
sobre el fuego
para que otras tengamos lluvia

puentes nómadas
sobre siglos de ríos secos
relatando la osadía
en sus cuerpos
bravos péndulos

las andantes
nacen abrazadas
pero en distintos tiempos
emigran se pierden cruzan
encuentran la entrada de la cueva

y su salida a la autopista
colocan la primera piedra
en el desierto
caminan desnudas
por los mapas del cielo se
derraman en infinita travesía
sólo para que otras
recordemos
nuestros pies.

cerradura

Comienza mujer
por escribir en los muros
con las uñas.

Para salir de prisión
basta recordar
la palabra
la mano
la cerradura.

Día tras día mide
el tamaño de tu cárcel
recorre
el suelo por sus esquinas
pon la mirada
más allá del miedo.

No hay lápiz
ni espejo.

Olvida mujer
el ojo del carcelero.
La puerta
tiene cerradura
y hay viento del otro lado.

aves durmiendo

a las mujeres de Irak

Duermen las aves
en árbol gris y
no saben que duermen
porque no hay espejo
ni sueño

entre muros de viento y
tiempo roto
se cuela un silencio que no amanece
que esconde el canto
que no encuentra al mar
sino en su lágrima.

El cielo respira
se asfixia.

La tierra acuna mandato de bombas
mientras ellas duermen sobre la cruz rota
y esconden la cabeza
entre las plumas
sin memoria de nido

despiertas mueren dormidas
mueren otra vez
pero no sueñan
sólo aparece la madre

y lloran las aves
para recuperar la caricia
entre los escombros.

rosario de cuerpos

a las mujeres asesinadas de Guatemala

en el nombre de la madre
de la hija y
de todas las muertas.
Amén.

Misterios dolorosos.

Agonía. Una madre no reconoce
el rostro desfigurado de su hija
ni su cuerpo cercado por alambre de púas.
Ruega por nosotras.

Flagelación. Una niña no entiende por qué su madre
la acaba de dejar en la escuela
y ahora todos hablan de las lágrimas rojas de la huérfana.
Ruega por nosotras.

Coronación de espinas. Ella tuvo la culpa.
Por puta. Así lo decía su cuerpo desnudo
y el semen entre las pequeñas piernas.
Ruega por nosotras.

Cruz a cuestas. Degolladas
ultrajadas, lapidadas, marcadas,

golpeadas, torturadas, mutiladas.
Ruega por nosotras.

Crucifixión. Bolsa negra en fosa vacía
para la mujer descuartizada de nombre nadie
y ninguna. XX.
Ruega por nosotras.
Ruega por nosotras.
Ruega por nosotras.

en su Día Especial

a los140 millones de mujeres mutiladas

La noche ocre ceremonial
fue del viento que cortaba
cristales cuchillos latas piedras afiladas
(hipocresía hoy cortada
en higiénicos hospitales)
el rito a la sombra de
la palabra mentirosa del padre
la segunda mentira de la madre

las vecinas le agarraron los brazos la tía y la prima le abrieron las piernas manos en tobillos - cadenas- la vulva abierta calor de pecho a frente hoja fría en botón ardor incendio en el vientre el cuchillo en la respiración ardiente filo en el labio derecho

Grito mutilado
(no hay que deshonrar a la familia)

historia de un desvanecimiento
terco ardor en el labio izquierdo una espina bordando el diminuto agujero por donde entrará el hombre
y saldrán la orina la sangre los hijos
historia de un dolor

la madre le dijo anoche
que no tomara agua
las otras mujeres hoy
que todo fue por su bien
                    (el afortunado esposo poseerá
                    de por vida una castidad tallada
                    en carne viva)

Somalia Egipto Omán Pakistán
Eritrea Yibuti Etiopía India Yemén
Sudán Sierra Leona Burkina Faso
Mali Indonesia Malasia Bahrein
Emiratos Árabes
territorios cicatrizados
habitado corpus de mujeres
de ojos negros mutilados
condenados
a vestir el dolor de colores encendidos.

VI

cuerpo epistolar

Saco de la pared
la carta primera que me dio
mi madre
cuando era niña.

Está en un agujero
de ojos alargados
que el dedo del tiempo
descubre en ese muro
        (siempre descubre)

El poema sigue.

Palabras amarillentas
de trazo firme
sobre las historias pequeñas
de mis años
ya no la buscaba
        (lo confieso)
pero es el minuto seis
de la creación
y no puedo volverme atrás.

Sola hoja

con tres palabras:
(mutis)
perpetuamente el poema.

Carta segunda

Yo soy un cuerpo
y esta una carta de amor
escrita tantos siglos calle arriba
para vos

querría contarte

que corren los tiempos del desamor
que hay humo en la conciencia
que la lengua del perro
ansía agua en cada esquina

te he pensado mucho

palabra insomne sonámbula
que no es palabra
porque no tiene un cigarro en la boca
pero se escribe
en su oscura madrugada
pegajoso cuerpo sudando alfabetos

para narrarte

que hay olvido asfaltado
y mendrugos de sangre en las venas
se secan los ríos

en fábricas que maquilan memoria
las pieles de los animales no están en su piel
y la luna ya no tiene gatos

el mundo ha cifrado su ausencia
en pantallas gigantes y represas
que sólo esperan
la grieta para desbordarse
por las agendas electrónicas
vertiginosos breviarios de la vida

lo sabemos todo
gordas enciclopedias océanicas
sin horizonte
pero apenas con un dedo
de profundidad
quien tiene la información
tiene el poder

voluntad automatizada
voy a prepararme un café
descafeinado
                    porfavor esperame
                    ahora vuelvo
la carta continúa

                    ¿dónde íbamos?
Ah sí
                    te decía
que lo sabemos todo

menos nuestra hondura

no sé si allá con vos pasa igual
pero acá la miseria
es cuadro mutilado
la pobreza mendiga
perturbadora
y aún cuelgan de los cuellos
los San Benitos de la inquisición
los cuerpos se vuelven edificios
cada uno quiere ser más alto
el más alto del mundo
después de las bombas

pelo, uñas, sangre, una foto
se enfrasca lo humano
se entierra
la inocencia ya no juega
hay entretenimiento de sobra
pero se está quedando sin jardín

parece que no queda nada
por inventar
salvo la vida

pero quería confesarte

que aún oigo el canto
de las aves de mayo
anunciando la lluvia

semillo mis ojos en el porvenir
me trazo
en la arqueología de la memoria
amo
me duelo
me levanto erguida
sé que estás
a la vuelta del poema
sos el otro la otra
lo que somos
dibujo el contorno de la huella
me quemo los pies en el centro
de la tierra
soy cuerpo sembrado
de astros

querría decírtelo
esta carta es para vos

el universo duerme
y encima de las tumbas nacen flores
la poesía todavía me destruye
en su peligroso silencio
nos deja solos a vos y a mí
pero creo
creo
no sé por qué
creo.

Despunta el alba.

Índice

I

II

III

IV

V

VI

Patria mi Cuerpo. Historia de una mujer desnuda. ***Carolina Escobar Sarti.*** Se terminó de imprimir en enero de 2009. F&G Editores, 31 avenida "C" 5-54 zona 7, Colonia Centroamérica, 01007. Guatemala, Guatemala, C. A. Telefax: (502) 2439 8358 Tel.: (502) 5406 0909
informacion@fygeditores.com
www.fygeditores.com

OTRAS PUBLICACIONES DE F&G EDITORES

No somos poetas
CAROLINA ESCOBAR SARTI

Cartografía de la ausencia
SILVIA DONOSO LÓPEZ

Transparencia del mal
ALEJANDRA FLORES

Esto no puede escribirse en prosa
ALEXANDER SEQUÉN-MÓNCHEZ

adentro desde la cueva
TANIA PALENCIA

Made in United States
North Haven, CT
10 November 2026

22091499R00062